大学生素养修成指导
——给大学生的一点建议

兰 征 著

西北工业大学出版社

西 安

图书在版编目（CIP）数据

大学生素养修成指导：给大学生的一点建议 / 兰征著. —西安：西北工业大学出版社，2019.6
　ISBN 978-7-5612-6500-0

　Ⅰ.①大… Ⅱ.①兰… Ⅲ.①大学生-素质教育 Ⅳ.①G640

中国版本图书馆 CIP 数据核字（2019）第 128696 号

DAXUESHENG SUYANG XIUCHENG ZHIDAO—GEI DAXUESHENG DE YIDIAN JIANYI
大 学 生 素 养 修 成 指 导 —— 给 大 学 生 的 一 点 建 议

责任编辑：万灵芝	**策划编辑：**付高明
责任校对：胡莉巾	**装帧设计：**尤　岛

出版发行： 西北工业大学出版社
通信地址： 西安市友谊西路 127 号　　　邮编：710072
电　　话： （029）88491757，88493844
网　　址： www.nwpup.com
印 刷 者： 陕西金德佳印务有限公司
开　　本： 850 mm×1 168 mm　　1/32
印　　张： 3.875
字　　数： 48 千字
版　　次： 2019 年 6 月第 1 版　　2019 年 6 月第 1 次印刷
定　　价： 19.00 元

如有印装问题请与出版社联系调换

前　言

我们今天来讲讲"你的大学"。

大学，对于每个人来说都是人生的一条分界线，它意味着一个阶段的结束，也象征着一个新阶段的开始。既然是一个新的开始，就应该尽可能让它是一个好的开始，让它不被荒废，你该试着去规划。可这并不是一个简单、轻松的过程，因为你需要学习很多东西，你要学会生存的技能，学会与人相处，要形成自己的世界观、人生观和价值观，而大学就是让你去完成这些的一个场所，因此我要告诉你，请珍惜你的大学生活。

你到底想要去怎么度过你的大学呢？是自觉自省、自律自强、自我认同，成为一名人才？还是自怨自艾、自暴自弃、自我否定,为一个废材?抑或是摇摆其中,迷茫度日?我想,答案是不言而喻的。事实上,我们很难断言一个人怎么做就一定能成为一个成功的人,但是,作为一个大学生,对人生、对大学生涯、对自己有一个正向的认知是走向成功的第一步。那么本书就基于本人的浅见,给大家提一些建议。

著 者

2019年3月

目 录

一、你好，大学！ ………………………………… 1

二、大学，你准备好了吗？ ……………………… 21
  （一）大学生活方面 ………………………… 23
  （二）学习方面 ……………………………… 34

三、你不止眼前的苟且 …………………………… 57
  （一）即使什么都没有，也一定要有理想 …… 60
  （二）理想能带给我们什么？ ……………… 63

四、关于人生观那些事 …………………………… 87
  （一）关于人生三点重要的共识 …………… 88
  （二）你可以有你的态度 …………………… 98
  （三）活出你自己 …………………………… 112

参考文献 …………………………………………… 118

一、你好,大学!

人生很长,大学很短。这个短暂的阶段却有可能多多少少决定着我们人生的起点,甚至是终点。然而,大学是一个很丰富的"试炼场",看似只有一条大路朝天,然而你遇见的可能是遍布的岔路,这一路上鲜花和荆棘、阳光和风雨、天使和魔鬼并存,于是"选择"成了你大学的第一门功课。

当然,人生是需要岔路的,因为每一条岔路都是一种人生的选择,而每一条岔路也都有各自沿途的风景,人生应当多一些尝试,试过再回头也未尝不是一种体验。

我并不想剥夺你体验的权利。可是趋利避害是人性,我们不害怕挑战却也没必要找事儿。因此,我想从宏观上帮你定定位,告诉你,有一些路你应当走,你应当选,你应当试试看。

弯路,少走一点。

1. 找到你的方向

"我很努力,但是我还是没学好。"

"我很想学,但是我真的不感兴趣。"

"就这么混着吧,这个专业不适合我。"

——来自大学生的困惑

我们从来不否定努力的重要性。一个人要成功,过上自己想要的生活,那绝不是混混日子就能做到的,必须要努力,这是毋庸置疑的。可是比起努力,努力的方向更加重要。你选择了一个正确的、适合你的方向,你所做出的努力才能得到最大的回报,你才能少走弯路。

这样的方向至少包括两个方面:

(1) 人生的方向。你要过一个什么样的人生?人生的定位是什么?追求的结果是什么?你是谁?这些都决定了你的选择。

（2）专业的方向。你要去确定自己的专业方向。这听起来很奇怪，因为现在每个人都有一个专业，可能是你自己选择的，可能不是。可是，就算是你自己选的，我现在问你，你真的喜欢这个专业吗？不喜欢，或者你不知道。这就是问题。

我们的成长缺少一个过程，叫做"了解自己"。在大学之前，我们根本就没有机会去了解自己喜欢什么、擅长什么，因为我们几乎没有面临真正意义上的选择，可是却要我们自己选择大学要就读的专业。于是，大量学生都在非常盲目的状态下选择了自己的将来。结果是，很多学生对大学学的东西不感兴趣，就算真的努力了，仍然学不好所读专业。我们还给了自己一个很冠冕堂皇的理由：没事，反正大学毕业生从事的工作大都是和本专业无关的。可是，你有没有想过，其实只是因为最初的方向就没选对？

你再看看硕士研究生或者博士研究生，毕业以后从事本专业工作的人的比例大幅上升。为什么？原因也许有很多，但是其中一个重要的原因是经过大学、接触社会，我们已经逐渐知道了自己想要的是什么，知道了自己的方向在哪里，所以当然能够坚持自己的专业。

这件事情在国外的完成时间会比我们早一些。大家看美剧的时候就会发现一些端倪。比如《吸血鬼日记》，前两季讲的是一群高中生，可是我们几乎看不出来那是一群高中生，因为他们的日常生活太丰富了。他们有大量的空闲时间，有各种比赛、宴会、家庭聚会、公益活动，他们可以是活动参与者，也可以是组织者，他们可以兼职或者从事自己感兴趣的工作。这样做的好处在于，在那些丰富的活动和实践中，你会逐渐发现自己擅长的是什么，喜欢的是什么，绝对不要做的是什么，而这些会成为你在面临大学专业选择和方向选择时的重要经验。美国很多大学，比如哈佛，前两年是不分专业的，只学一些社会科学类的课程，在此期间，你可以选择性地接触你感兴趣的课程,直到大三才需要选择专业。这相当于给你两年的时间去充分了解你自己,然后再做出慎重的选择。

因此,你要去了解,再一次去确定自己的方向。接下来,可能会出现两种情况:第一种,如果你的专业恰好是你希望选择的,那么恭喜你;第二种,如果你并不适合你目前的专业,你就该有所打算了。攻读第二专业、从事自己感兴趣的工作等等都是不错的选择。

不过,其中有一点要警惕,警惕自己把它当作荒废学业的借口。我们所说的选择的前提是,你真的认认真真地去学习过你的专业,而不是凭感觉去选择。事实上,学一门、爱一门,干一行、爱一行,也是一种能力。就像有些人感觉自己最讨厌的就是历史,机缘巧合,当他真正以历史为专业、为职业的时候,不仅不讨厌,反而很着迷,才发现那是一种多么可笑的误解。你知道吗,我们有很多可能性的,而你要真的努力去试一试才能发现这些可能性。但重要的是,你要知道,你是可以选择的,而且你应该要去选择,因为努力的方向很重要。

2. 磨炼你的能力

"我学习成绩挺好的,为什么我找不到工作?"

"为什么同学老是看我不顺眼?"

"我考砸了,我很难受,我该怎么做?"

——来自大学生的困惑

大学学什么?当然首先是学知识。你不能成为一个无知的人,知识是我们认识世界的钥匙。但是相比知识,能力却是我们融入世界的工具。能力的重要性,我想不用多强调了。大学期间,我们应该让自己具备各种能力,比如学习的能力。不管学得怎么样,至少在大学你应该学会如何学习,因为在以后的工作、生活中,你会遇到很多新的事物,有一个好的心态耐心地去学习、学好,就是一种能力。

再比如说,与人交往的能力。据统计资料表明:良好的人际关系,可使工作成功率与个人幸福达成率达85%以上;一个人获得成功的因素中,85%取决于人际关系,而知识、技术、经验等因素仅占15%;某地被解雇的4000人中,人际关系不好者占90%,不称职者占10%;大学毕业生中人际关系处理得好的人平均年薪比优等生高15%,比普通生高出33%。人际关系的重要性不言而喻。可是你是不是真的会与人相处呢?很多人错误地认为好的人际关系是人人都喜爱自己,为了能够左右逢源,往往丢掉了自己的个性迎合和讨好其他人,拍马屁、讲奉承话,然而最后的结果却往往是让人失望的。

人与人之间优质的相处，应当是既保留个性又尊重对方，应当是基于真诚的交往，而在交往过程中，真心实意接受他人、欣赏他人、给他人空间，才能收获真心长久的友谊，这是你应该具备的能力。

此外，还有沟通和表达能力。古语有云：一言之辩，重于九鼎之宝；三寸之舌，强于百万之师。语言是非常有力量的工具，无论你学的是什么专业，能够有效地使用语言是必不可少的能力。人除了吃饭、睡觉，大部分时间都用在了通信上，包括聊天、讨论工作、表达感情，也包括书写信件、发送短信、阅读新闻、收听音频、观看视频节目等，而通信的载体就是语言。能用语言表达自己的思想和意愿、实现有效的沟通，在经济生活中起到举足轻重的作用。这两项能力越强，生活和工作就会越方便，效率就会越高，成功也就越容易。

而我最想要说的是"面对挫折、面对失败"的能力。

这些年，我们经常会听到某某大学学生自杀的事件，从一开始的痛心、惋惜到现在的习以为常。他们自杀的原因有很多。去年，某大学一个男生自杀，因为他喜欢的女生不喜欢他；再往前，某大学一个学生自杀，因为英语四级考试考完后感觉自己没考好；多年前，某大学一个男生自杀，因为跟同学之间的矛盾，经常受欺负。每每发生这些惨剧，就会出现各种反省。有人指责教育体制，认为学习、就业压力过大是大学生自杀的元凶；有人追究教师的责任，认为教师对大学生的心理健康关注不够；还有人提倡人性关怀，认为社会应该给予大学生更多的理解和宽容，提倡人与人之间应该释放更多的善意。这些都没错，但是不得不说，这些都是外因，治标不治本。而我们也许更应该重视和反思的是现在大学生自身的抗压能力，特别是面对挫折、面对失败的能力。

可惜的是，在我们整个成长过程中，却没有人真正教过我们怎么去面对痛苦、挫折、失败。家庭教育、学校教育和社会教育都只是在告诉我们"你要成功""考试要考100分""工作要比别人强"。从我们小时候听的故事到崇拜的人物，从头悬梁锥刺股到比尔盖茨，哪个不是成功的典范。即使是偶尔谈到失败，那也只是故事的其中一个环节，而故事的结局一定是绝地反击，再一次出人头地，比如越王勾践卧薪尝胆，洗雪耻辱。

　　龙应台的书中有一段话，描述得非常贴切："我们拼命地学习如何成功冲刺一百米，但是没有人教过我们：你跌倒时，怎么跌得有尊严；你的膝盖破得血肉模糊时，怎么清洗伤口、怎么包扎；你痛得无法忍受时，用什么样的表情去面对别人；你一头栽下时，怎么治疗内心淌血的创痛，怎么获得心灵深层的平静；心像玻璃一样碎了一地时，怎么收拾。谁教过我们：在跌倒时，怎样的勇敢才真正有用？怎样的智慧才能度过？跌倒，怎样可以变成远行的力量？失败，为什么往往是人生的修行？何以跌倒过的人，更深刻、更真诚？"[1]

我们没学过。可我们至少可以认识到，也应当认识到，这一切是那么正常，就像吃饭、睡觉一样，失败、挫折在我们的人生中也是如影随形的。既然如此，我们就必须具备这样一个能力去面对它。如果一定要说到底应该怎么做，我认为应该是做到两个字——谦逊。谦逊是不自大，不认为自己是宇宙的中心，既然如此，宇宙就没有必要顺着你，失败、挫折不过只是宇宙的"小脾气"。一个人只有谦逊，才能去承认——承认失败，承认挫折，承认侮辱。而只有当你承认它，你才能面对它，不抗拒它，从而度过它，继续未来的路。你知道吗？没有人要求你一定要成功，我们是可以失败的，只要你尽力就好。因为，没有一个人会去责怪一个尽力的人。

3. 用心你的生活

"我成功了，但是仍然很空虚。"

——来自大学生的困惑

有一个故事。有一个人问一个放羊的小孩:"你为什么放羊?"小孩回答:"为了挣钱。"又问:"为什么挣钱?",小孩回答:"为了盖房子。""为什么盖房子?""为了娶媳妇。""娶媳妇之后呢?""继续放羊。"

一个教授跟他的研究生讲:"你们都是农民。"学生很不解,我堂堂一个研究生怎么成农民了呢?教授问:"你们为什么读研?""当然是为了找个好工作呀。""有了好工作以后呢?""娶个老婆,吃穿住都还不错。""再然后呢?""生个孩子""再然后呢?""让孩子有个光明的前途。"教授说:"农民的想法和你们是一样的。"

我们每个人都希望自己能成功，于是设定目标，勇往直前。可是，我们往往在成功以后才突然发现，这样的成功和自己想象的并不一样。于是，我们感叹生活，感觉自己好像没有好好活过。后悔没有多花点时间陪陪父母、陪陪爱人、陪陪孩子。到自己恍然大悟的时候，可能父母已经老了，或者已经去世了；孩子已经长大了，你永远错过了那个"陪他长大"的过程；那个曾经承诺要"执子之手、与子偕老"的爱人，可能已经形同陌路了。

有三个词，看似相似，却截然不同：Live，Living，Life，分别是生活、生命、生存。你是要活着，活下去，还是要生活？答案显而易见。

4. 重视你的情商

"我不喜欢我的室友。"

"我每天忙着追剧、打游戏，结果什么都没学会。"

"他比我聪明，一学就会，我怎么赶得上他？"

——来自大学生的困惑

从小到大我们一直在读书，在考试，我们很羡慕聪明的同学，往往聪明的同学能够在考试中取得更好的成绩，这很容易让我们这些智商普通的同学感到自卑，甚至自弃，觉得"反正我也不够聪明，努力了也赶不上"。可是现实的世界除了有残酷还有公平，真实的竞争绝不仅仅是智商这种"硬件"上的竞争，还有情商这种"软件"上的竞争，而且后者常常起决定性的作用。

1960年，美国斯坦福大学心理学家瓦特·米伽尔做了一个实验。她找来一些4岁左右的孩子，给每个孩子

一颗软糖，但是跟孩子们提了一个条件：如果他们现在就吃这颗糖，那么他们就只能吃一颗糖；如果他们20分钟以后再吃这颗糖，那么将得到额外奖励的一颗糖。

孩子的选择自然是分为两种的：有的孩子很着急，手里拿着这么好吃的糖，没能忍住，马上就吃了；还有一些孩子则在耐心地等待时间，有的闭上眼睛，有的用手枕着头，希望得到额外奖励的软糖，结果是，这些孩子都成功得到了2颗软糖。

实验当然还没有结束，研究者对被测试的儿童进行了长达14年的追踪。跟踪研究的结果是这样的：那些愿意等待，并且成功吃到两颗糖的孩子，在青少年时期具有更强的自控力。在面对机遇和诱惑的时候，具有更强的目标意识，善于等待，不急不躁，能够为了长远的目标而放弃眼前唾手可得的利益。而那些无法自控只吃到一颗糖的孩子，在青少年时期则显得比较固执、虚荣或优柔寡断。面对欲望仍然无法控制自己，容易被短期欲望所影响，对于长期目标的动力明显不足。也就是说，那些能够等待的孩子相比不能等待的孩子未来成功的概率更高。

情商逐渐引起重视，应用领域也越来越广。20世纪80年代中期，美国某保险公司对新招聘的15 000名推销员进行了两次测试，分别是对智商的测试和对"乐观程度"的测试。在测试中，有一组人的成绩很特别，他们在智商测试中成绩很差，却在"乐观程度"测试中成绩非常突出。测试完成后，公司对他们的工作表现进行了跟踪。

跟踪调查的结果出人意料，这一组人在所有被试者中的工作表现是最好的。他们以第一年业绩比其他人高21%，第二年业绩比其他人高57%的傲人成绩遥遥领先。从那以后，"乐观测试"成了该公司录用推销员的一个重要条件。

对大学生而言，智商是一个恒定值，而情商却是可以提高的。情商较高的人还能够充分、有效地利用自己现有的智力资源,并使自己的智力朝着能够产生最大效益的方向发展,而不是盲目地、凭一时兴致来发展自己的智力。从某种意义上来讲,情商反而提高了智商。

到底什么是情商?

情商(Emotional Quotient)通常是指情绪商数,简称 EQ,主要是指人在情绪、意志、耐受挫折等方面的品质。

情商之所以越来越受到重视,是因为它不是与生俱来的能力,更需要的是后天的培养,是可以通过课程学习、自我修炼而习得的能力。提高情商的方法有很多,在此就不一一赘述了,只给大家介绍一下简单的"情商训练七法":

(1) 把看不顺眼的人看顺眼;

(2) 把看不起的人看起;

(3) 把不想做的事做好;

(4) 把想不通的事想通;

(5) 把快骂出的话收回;

(6) 把咽不下的气咽下;

(7) 把想放纵的心收住。

总的来说,做一个高情商的人,就是要把控制不了的情绪控制住,跟自己较劲,这也是一种能力。

蔡元培说:"大学是人格养成之所,是人文精神的摇篮,是理性和良知的支撑,但不是道德楷模,不是宗教之所。大学者,研究高深学问者也。为囊括大典,网罗众学之学府。"

杨叔子说:"没有一流的文科,就没有一流的理科;没有一流的理科,就没有一流的工科。大学生首先要学会做人,其次要学会思维,第三是学习知识和技能;一个国家没有科技,一打就垮;没有人文,不打自垮。"

爱因斯坦说:"学校的目标始终应当是,青年人在离开学校时,是作为一个和谐的人,而不是作为一个专家。"

你好,大学!原来你是这样的一个地方。

二、大学,你准备好了吗?

四年,1461 天,你会经历从陌生到熟悉。

然而对于初入大学的你来说,路要一步一步地走。

现在的你可能面临一些心理困惑:空虚、迷茫、自卑、怀旧、失落、焦虑、冲动。有同学会问："那么面对这样的一些压力，我们该怎么办？"

很抱歉，解决这些问题并没有什么灵丹妙药，只有两个字：适应，你必须要适应这个人生的新阶段。

这算什么答案？

没错，"适应"并不是一个令人热血沸腾的词，不像"努力""奋斗"，一听就让人感受到希望。你可能会失望，认为"不过如此"。然而，如果你觉得适应只是因为无可奈何，所以选择消极地忍耐，那你就大错特错了。

适应其实是一个非常积极的心理过程，它分为三步：

第一步是接受。接受什么？接受你所遇到的一切、外在的一切。

什么是接受？接受是不抗拒地、完完全全地接纳。接受不是一边经历着、抱怨着，一边忍耐着，而是接纳，从内而外的接纳，因为你所遇到的外在的一切是不可改变的，既然不可改变，何不欣然接受？

第二步是转变。转变什么？转变我们的心态，因为只有我们的心态转变了，才能在这个外在的世界中自得其乐。

然后才能走到第三步——谋求自身的发展。

在大学，我们需要去适应的东西很多，基于我们要适应的这些方面，我提一些小建议。

（一）大学生活方面

1. 之前不独立也就罢了，现在该学会自己一个人走了

不管你以前在家是小公主还是小王子，现在的你已经远离你温暖的土壤，来到了一个完全陌生的地方，你周围是和你一样无助的同学，不管你是否愿意，从现在开始你必须要尽量依靠自己，你得要一个人走了。你饿了要自己找东西吃，冷了要自己添衣服，遇到问题要学会独立思考、解决。

网络上曾经有一个笑话。如果你跟妈妈说"妈,我饿了",妈妈通常会说"要吃什么,妈给你做!"如果你跟爸爸说"爸,我饿了",爸爸通常会说"要吃什么,爸带你出去吃!"如果你跟你的伴侣说"亲爱的,我饿了",他会说"亲爱的,我也饿了!"

笑话固然是一笑置之,其中的含义却很真实。人是依赖性很强的动物,特别是刚刚走出家来到学校的大学生。可是,独立是一个人成长必须付出的代价。小鸟必须要学会自己飞翔才能翱翔天际,温室里的花朵永远也无法承受风雨的考验。

1776年7月4日，美国正式通过《独立宣言》，宣布美利坚合众国正式成立，成就了目前唯一的超级大国，世界第一大经济体，经济、文化、工业等领域都处于世界领先地位。1949年10月1日，中华人民共和国成立，在中国共产党的领导下，独立自主的新中国经过近70年的奋斗迎来了从站起来、富起来到强起来的伟大飞跃。

国家如此，人亦如此。

众所周知，香港巨富李嘉诚也十分重视培养孩子独立的品格。李泽钜、李泽楷是李嘉诚的两个儿子，毕业于美国斯坦福大学，成绩优异。当他们想在父亲的公司里面大展宏图的时候，李嘉诚断然拒绝了他们。"我的公司不需要你们！还是你们自己去打江山，让实践证明你们是否合格到我公司来任职。"两兄弟各自创业，经历了每一个创业人都必须要经历的困难，他们克服困难，成了加拿大出类拔萃的商界人物。

你也该独立了。

2. 让你的青春尽情撒野

现在的你拥有的东西真的不多。你可能没有傲人的才艺、没有钱、没有足够的能力，更谈不上事业，可是你却有很多人都羡慕却再也回不去的青春。你应该让你的青春疯狂一些，精彩一些，让你的青春"撒点野"，因为有很多事情是只有年轻的时候才能做的。

就像很多年轻人喜欢的组乐队。当你正青春的时候，那是疯狂、是梦想、是追求，而当你一把年纪了还天天做着"乐队梦"，也许你就变成了不切实际、不务正业的人，因为做梦的代价是你可能会清贫，而责任不能容忍你的任性。所以，如果你有什么想做的，趁你正青春的时候一定要尽量去做，因为青春是不害怕失败的，就算你真的一点也不擅长，你还是可以做，因为你还有时间可以从头再来。

并且，我也想告诉你，如果你有什么想做的，你也一定要尽快去做，因为你不以为然的青春真的会稍纵即逝，也许很快你就发现大学时光已所剩无几。且不说随着年龄的增长，束缚也会增多，即使你没有什么束缚，那时的你可能也已经没有了当初的那份激情和勇气。

你应该好好把握你的青春。

3. 至少培养一种兴趣

在大学里面你经常会有这样的感觉：有时候很忙，有时候又很空虚，有时候明明很忙却仍然很空虚。你感觉每天做了很多事，可是回过头又觉得自己好像什么都没做。这个时候你就需要一个兴趣。

兴趣是用来干什么的？当你觉得无聊、空虚的时候，兴趣可以填满你的生活，让你不寂寞；当你回过头觉得自己什么都没做的时候，兴趣会是你心里的一味安慰剂；当你回首青春的时候，兴趣会成为你的一种骄傲。

而当你的兴趣是一些需要努力才能达成和获得乐趣的活动时，你的兴趣可以大大提高你的生活体验，更加有效地利用大学的闲暇时间。据研究，半个世纪以来，人们的"可自由支配时间"在持续增加，但是这种增加并没有表现在人们的主观感受上，相反，人们主观上反而觉得时间在减少。为什么会出现这种情况？实际上，这与你如何使用时间有很大关系。

从目前大学生的娱乐习惯来看，玩手机、追剧占据了很大比例，而这些休闲方式都是一种"被动式娱乐"，即不需消耗太多精力、无需技巧和专注力的活动。"被动式娱乐"可以达到一定的缓解疲劳的作用，却由于缺少获得感往往容易让人产生空虚感，反而降低了生活体验。与之相对的"主动式娱乐"，即需要动些脑筋、花些心思才能享受到乐趣的活动，过程也许不一定轻松，却能带来高质量的娱乐和愉悦感。

　　这种沉浸在兴趣中的过程，会对人造成不同的心理影响，又极有可能进入"心流"状态。"心流"是指我们在做某些事情时，那种全神贯注、投入忘我的状态——这种状态下，你甚至感觉不到时间的存在，在这件事情完成之后我们会有一种充满能量并且非常满足的感受。[2] "心流"是生命的最佳状态，而达到心流的一个前提是自己非常喜欢，也就是你要有兴趣。

　　给自己培养一种兴趣吧。

4. 饮水记得思源

有一个故事。

儿子上大学了。大一的时候,儿子经常给父母打电话。

儿子:爸妈,我想你们了,我特别想回来,这里什么都不好,吃也吃不惯……

爸妈:儿子,你要好好听老师的话,好好和同学相处,慢慢就好了。

临别,父母还不忘问孩子还有钱吗?儿子说有钱。

挂了电话，父母还是忍不住给孩子又打了500块钱。

大二的时候，儿子仍然经常给父母打电话。

儿子：爸妈，我过得挺好的，我又做了……

父母听得呵呵笑，临别，儿子小心翼翼地说：我没钱了。

大三的时候，儿子还是会给父母打电话，可是每次说不了几句，就直接进入主题：爸妈，我没钱了。父母想听听儿子讲他的生活，"就那样呗，对了，这个暑假我不回家了，我找了个地方实习。"

大四的时候，儿子开始变得很忙，忙着找工作，忙着聚餐，忙着毕业，忙着分手。所以几乎不再给父母打电话了。父母想儿子了，给儿子打过来。每次儿子好像都很忙，"什么事？哎呀，没事就少给我打电话，我忙得很，好，就这样吧，等我有空了给你们打。"父母一直等着，却一直都没有等到那个"有空"的时候。

终于，放假了，儿子要回家了。父母提前一个星期就开始准备,当天准备了一桌子的菜。儿子下车后,给父母打了个电话,"爸妈,我今天先不回家了,和同学大半年没见了,约好了吃饭、唱K、玩通宵,明天早上我再回家。"挂了电话,父母默默地说,"儿子,我们也已经半年没见了。"

你知道吗?当你一天天长大的时候,你的父母却在一点点地变老。他们其实是很矛盾的。当你还是小孩子的时候,他们总是期待着你能快点长大,可是他们很清楚,一旦你长大了,注定就要离开他们了。可是他们仍然是不求回报地付出,他们只是希望,你有空的时候可以陪陪他们、打个电话或者发个短信。父母也想给你打电话,他们总是在算,这个时间打电话会不会影响了你的工作、你的学习。可是你呢?你仅仅是因为忙,没心情,甚至是懒得打,就让父母的愿望一次又一次落空。

你是不是常常在抱怨:我之所以不打电话,是因为他们在啰唆,每次都重复同样的话?你是不是常常在抱怨，和父母没有共同语言，他们没办法融进你的生活，没办法理解你？可是，你扪心自问一下，你真的试着让他们来了解你，融进你的生活吗？你连朋友圈都把他们屏蔽啦！

不仅仅是你的父母，还包括你的爷爷奶奶、外公外婆。小时候你和他们总是最亲的，可是，随着年龄的增长，你们之间的话题开始变得越来越少。他们想和你说话，于是不断地重复着你的过去，什么时候尿床了，又做过什么傻事……你听得烦了，于是吼他们，凶他们，可他们却好像丝毫不在意。他们希望的只是你没事的时候可以回去看看他们，即使你一直玩手机，即使你什么都不做，什么话都不说。

百善孝为先，中国自古重视孝道。道理不多讲，只是希望都不会有"子欲养而亲不待"的遗憾。仅此而已。

(二) 学习方面

上大学以后,学生的学习积极性普遍有所下降,其中原因有很多。比如,学习的动机。不知道为了什么而学,没有目标是很大的一个原因。当然,还有自控力等问题。可是,其实大家都很清楚,大学生最重要的就是学习。那么大学到底应该学什么?怎么学?

1. 逃课好,还是找到学习乐趣好?

这是一个答案显而易见,却又困扰很多大学生的问题。要解决这个问题,就要找到问题的根源,从源头上认识问题,才能解开我们的困惑。

为什么有人那么爱逃课呢?依我看无外乎以下三个原因。

第一,懒。"我就是懒得上课""我就是自暴自弃"。这就麻烦了,你需要好好调整你的人生态度了。

第二,"课程枯燥,我学不进去"。那么问题来了。为什么你会觉得课程枯燥呢?其实你之所以觉得课程枯燥,很大原因在于你根本没入门。你觉得物理枯燥吧?可是你发现物理学家并不这么觉得,在他们眼里定理里面全是奥秘。你觉得数学枯燥吧?那听我给你讲一个故事:1650年,斯德哥尔摩的街头,52岁的笛卡儿邂逅了18岁的瑞典公主克里斯汀,几天后他成了公主的数学老师。从此二人每天形影不离,朝夕相处使他们彼此产生了爱慕之心。由于国王的反对,笛卡儿被放逐回法国,不久便染上重病。在笛卡儿生命的最后阶段，他每天给公主写信。因被国王拦截，公主一直没有收到笛卡儿的信，直到最后一封。最后一封信是一个公式：$r = a(1 - \sin\theta)$，国王不忍心看公主一直闷闷不乐，便把这封信交给了公主。公主看到后马上明白了笛卡儿的意思，把公式的图形画了出来，这就是著名的"心形线"。此刻，你还会觉得数学枯燥吗？所以，耐住性子、忍住寂寞好好学，一旦你入门了，发现了其中的乐趣，也许就不再觉得枯燥了。

第三，"这门课学了没用，我不想学"。急功近利是当今社会的一大病症。我们特别喜欢用"有用""无用"来对我们生活中的选择进行判断，做任何事都带着目的性，似乎做无用之事就是浪费时间，内心无比抗拒。可是，所谓的"有用"与"无用"真的是二元对立的吗？"无用"是否真的无用？"有用"是否真的有用？

庄子在《人世间》中讲了一个故事。一个姓石的木匠与弟子在山脚下见到一棵大树,大到可以为数千头牛遮风避雨,很多人都在围观。石木匠的弟子很感兴趣,可是石木匠却是看也不看地从大树旁边走过。弟子很不解,问道:"师傅,我从没见过这么奇美的大树,为何你看都不看?"石木匠回答说:"这是无用的木材,用来做船会沉于水,用来做棺材会迅速腐烂,用来做器械会很容易毁坏,用来做门窗会渗出恶臭的液体,用来做柱子会很容易生虫,这块木头一无是处,所以才能长寿至此。"夜晚,石木匠在梦中又见到了那棵树,树对石木匠说:"你怎么能将我和那些所谓有用的树相比较呢?你可知道,那些梨树、橘树等果树,果实成熟了之后多少人采摘,将其枝丫折断,这样用不了几年,这些果树就完了。这些果树正是因为将自己有用之处展示给世人看,才会落得如此结果。万事万物皆是如此。我追求无用已经很久了，好几次死里逃生，才有了今日之大，如果我也是你口中所谓的有用之树，能长这么大吗？"第二天，石木匠恍然大悟：此乃无用之用也。

我们往往认为什么东西有用呢？刀能切，有用；水能喝，有用；数学能算术，有用。我们认为学一门课一定要获得某一项技能才能称之为有用。如果按这套功利的评价方法，历史一定是无用的，因为就算你懂再多的历史也无法让你获得任何具体的技艺、技巧。可是学历史可以增加一个人的内涵和修养，能够提高我们对生活的理解，能够提高我们对生活的判断能力，让我们看问题的时候更全面一些，更辨证，而这些都能让我们成为更优秀的人。事实上，每一门课都有它的作用，那些无用之用都正在参与构建我们的知识体系、形成我们的思维模式、提高我们的认知界限，而一个人思维认知的高度就决定了这个人成就的高度。

因此，并没有什么"无用"的课程，只不过是你目光短浅，未曾认识到"有用"而已。

总而言之，不管你多想逃课，只要坚持上课，乐趣也许会慢慢浮现，即使仍然觉得无趣，你至少是"把不想做的事情做好"了，锻炼了你的情商。

2. 做一个会学习的人

美国著名的未来学家托夫勒曾经说过，"二十一世纪的文盲不再是目不识丁的人，而是不会学习的人！"

一方面，当今中国的教学模式采用的是捆绑式教育，一个学生要学习很多门课程，教育出来的学生貌似什么都懂，实际上是什么都不精，就造成了知识容易遗忘现象。中央电视台有个游戏节目《幸运52》，就是用小学的知识去考工作后的成年人，好多人都答不出小学的题目，就可以说明问题。自学者可以根据自己的实际情况和学习特点去学东西，可以把精力都放到专门的一样学问上，才能够更加有针对性地掌握所需要的知识。

另一方面，世界科学技术的发展突飞猛进，各行各业知识的更新换代的速度都是有增无减的，无论你目前掌握了多少前沿知识，也有可能迅速被替代，未来要适应这个时代和行业的进步，要在工作岗位上得心应手，单靠大学里面所学的书本知识是远远不够的，我们需要持续学习，甚至要养成终生学习的习惯，才能应对未来的挑战。而这些都需要你拥有学习的能力。

李笑来在《把时间当作朋友》一书中提到了一个试验：试验人员将5只猴子关到一个笼子里，在笼子顶上挂一串香蕉，试验人员准备了冰水，一旦有猴子碰到香蕉，就马上用冰水浇所有的猴子。几次下来，猴子们就不再试图去拿香蕉。然后，试验人员在笼子里放进了一只新猴子，当新猴子尝试去拿香蕉时，即使试验人员没有浇冰水，原来的猴子也会暴打新猴子一顿。新猴子挨了几次打之后，也放弃了去拿香蕉。如此循环往复，最后，即使把笼子里的猴子全部都换成新猴子，也没有猴子敢再去拿香蕉了。猴子完全搞不清楚香蕉和冰水的关系，也找不到既可以吃香蕉又不会被冰水浇的方法，不仅自己不敢碰香蕉，也不让新来的猴子尝试。[3]如果人类只是被动地接受知识，不主动地学习和思考，跟猴子有什么区别？事实上，单靠借鉴他人的经验都是有很大局限性的，要想建立起正确的认知，就必须有自己独立的学习和思考，学会学习就是要学会主动地去学习，而不是被动接受他人的经验。

俞敏洪曾说："教育不是注满一桶水，而是点燃一把火。"如果我们做一个比喻的话，课堂学习其实就像是火种，它负责带领你走进知识，点燃你对知识的欲望。可是，到此你顶多算是一个火苗，你还需要成长才能成为真正的火。一个火苗怎么才能越烧越旺呢？火要烧得旺需要很多条件：需要有更加充足的氧气，需要更多的可燃烧的材料，也许还需要有风相助，并且还不能有雨。这些条件就不是一个火种可以提供的了，你必须要自己去想办法获取，这个获取的过程就是主动学习。那么，你到底能成长为什么样的火？是火把，还是燎原之火？这就取决于你到底能为自己创造多少可燃烧的条件，也就是说，这取决于你到底具备多强的学习能力。所以，你必须让自己学会学习，而且越厉害越好。

3. 有事没事多读书吧

你有读书的习惯吗?

清华大学副教授严飞曾批评博士生不读书,除了本专业的课本和学术著作,其他闲书、杂书几乎一概不知,问起他们对社会热点的看法则一脸茫然。据调查,大部分大学生都没有阅读的习惯。

大学生不爱阅读并不是一个孤立的事件,此现象与环境带来的影响有很大关系。事实上中国人读书少,已为不少数据所证明。早在2011年,一个旅居上海的印度工程师写了一篇名叫《令人担忧:不阅读的中国人》的文章，文中提到："中国人年均读书 0.7 本，韩国人均 7 本，日本 40 本，俄罗斯 55 本。"虽然调查结果存在一定争议，且这两年中国人的阅读情况得到了一定改善，但仍然不足以改变整体不足的现状，且教辅类书籍和考试类书籍所占比重仍然过大。据统计："八〇后"人群，买得最多的是各类育儿和教辅书，对孩子的教育成为生活重点；"九〇后"人群，英语与公务员考试教材，则是最受其欢迎的图书；"〇〇后"人群，在买英语四、六级考试教材的同时，也爱买青春小说。这是一个令人担忧的情况。

那么，大学生为什么要读书？

我们一直强调大学阶段很重要，之所以重要，是因为这是最后一个让你可以系统地学习和成长的阶段；是你可以将大段时间用于读书和学习的人生阶段；最后一次可以拥有较高的可塑性，集中精力充实自我的成长阶段。以中国目前的教育模式来看，从小学到高中，更多的教育是一种应试教育，而不是人格教育。大学，作为从学生阶段逐渐向社会阶段过渡的关键时期，是一个人心理、个性、认知、人格等方面成熟和成长的重要阶段，需要明白事理、开阔眼界、增长知识和提高认知，书籍自然成了为我们提供智慧源泉和精神力量的不二之选。

现在的你就像一碗米，那么一碗米能值多少钱呢？一碗米原本是不值钱的，它的价值取决于它经过了怎么样的加工。如果这一碗米在一个家庭主妇手里，她会把这碗米煮一煮，做成一碗米饭，大概值2块钱；如果这一碗米在一个小商贩手里，他会把这碗米加工一下，做成几个粽子，大概值10块钱；如果这一碗米在一个有头脑的酒商手里，他会把这碗米发酵、酿造，米变成一瓶酒，大概值100块钱。大学生就像是一碗米，需要发酵、酿造才能将你的价值最大化，而书就是酿酒的酒曲。

你知道吗？很多成功人士都有阅读的习惯。习近平同志刚到梁家河时带的两个箱子中除了衣服就是书，吃饭时在看，上山放羊时还不忘阅读，甚至为了和知青交换书看，跑30里山路去借书；俞敏洪读大学的时候，平均每年要读200本书。亚马逊创始人贝索斯的长期思维，相当一部分来自于他所阅读的书，他是一个绝对的阅读狂热爱好者，每个月至少会买10本书，他说对他影响最大的一本书是《基业长青》，最喜欢的一部小说叫《长日将尽》。虽然表面上他们做的事业和阅读没有什么关联，可是阅读可以让一个人更理智，更谦和，看问题更全面，更长远，而这些都是成功所需要的素养和品质。

有一句话说得好：一个人要么让自己人在路上，要么让自己心在路上。若人不能在路上，那就多读书。

大学生应读什么书？

首先，大学生需要读教辅类书籍。从最基础的来说，完成学业是大学生的主要任务。考取各种职业资格证书，通过各种职业能力考试，都需要做大量的准备，阅读大量的教辅类书籍。虽然看教辅类书籍不能称为真正的阅读，但是也总比完全不读书要好。

其次，大学生需要读专业知识拓展类书籍。大学生毕竟面临着就业的压力，让自己具备较强的专业能力才能更好地面对职场的挑战。跟专业知识相关的拓展类书籍能够让你建立起更加全面、系统的专业知识体系，是对大学课堂教学的很好补充，是大学生阅读的不错选择。

最后，大学生需要多读一点杂书。每个人的认知和知识体系都受到生活环境的影响，而这些影响也就形成了每个人思维的局限性。"一个人的精神发育史，应该是一个人的阅读史。"我们常说"贫穷限制了我的想象力"，事实上，限制你想象力的不是贫穷，而是眼界。如何能让我们的眼界变得更开阔呢？最直接的办法是改变你的生活环境、提高你的生活质量、丰富你的生活体验，可是这些都不是简单的事情，需要很多的物质积累。除此以外，还有一个途径就是读书。沈从文说："读书，是成本最低的投资，也是门槛最低的高贵。"开阔的眼界绝不是仅从专业类书籍里面就可以获得的,你需要广泛的涉猎,地理学、天文学、传播学、符号学、哲学、历史学、社会学、伦理学、心理学、文学、数学……这些看似毫无关联的学科在潜移默化地开阔你的视野、丰富你的思想、打破你的思维局限,从而升级你的认知,启发你的创造力,最后成就你的未来。

我希望大学生能够为自己制定一个阅读计划,特别是一开始的时候,然后遵循你的计划。当然,有人说像这样制定读书计划不科学,因为读书应该是一件很惬意的事情,是一种消遣,不应该当成任务来完成。我其实多多少少是同意这个观点的,任务好像是显得有点功利。可是,大家扪心自问一下,如果读书真的不是任务,又有多少人会真正去读书?多久能读完一本?读书如果于你而言能成为一件惬意的事情固然好,但是现阶段读书带给你的提升和丰富也同样重要。因此,用这样的一个方式逼自己读书,让自己养成读书的习惯,然后读书才能真正变成一件惬意的事情。

大学生们，有事没事多读书吧。

4. 真得学点真本事

学点真本事，不然毕业以后你就会后悔。

有一个女孩，她大学过得很充实：她很有能力，参加了一些社团，组织并参与了很多活动；她很会唱歌，经常出现在各种校园晚会上，在校园里面小有名气；她很聪明，虽然每学期都是临时抱佛脚，考试成绩竟然一直都不错。她是很多同学羡慕的对象。可是只有她自己知道，她所学的专业——计算机，除了考试，她真的一点都没学会,就连最基本的"重装系统"都只是略懂皮毛。那年7月,她毕业了,专业知识的匮乏让她没敢去任何一家IT企业应聘,她做了一个小公司的文员,拿着最低的工资。事业上的不得志让她非常痛苦,这个时候,她遇到在现有条件下唯一的一次改变命运的机会。一天,一个朋友给她打来了电话:"现在有一个工作机会,要求计算机专业本科毕业,会编程,要人很急,直接上岗,工资是你现在工资的8倍,去不去?"她很想去,可是她沉默了。朋友急了,问:"你到底会不会点计算机?"她回答:"不会!"……故事到这里,就可以暂时结束了,接下来几年她都在一些最底层的工作岗位上郁郁不得志,却也只能认命。那些看似风光的过去,在离开校园那个温室的那一刻就已经结束了。

大学很自由,也有很多诱惑,让人很容易迷失。丰富的校园生活可以提高你的组织能力、协作能力、为人处世能力和解决问题的能力。但是你千万别忘了,这些都是让你变得更强的手段,这些能力能够发挥的基础是:你至少能做好一件别人做不了的事,你得有点真本事。这个真本事才是你的核心竞争力。

大学更像是一个温室,风雨都被阻挡在外面,所以花怎么开都可以开得很灿烂。但是,一旦离开温室,那就只有那些温度适应能力强的花才能继续绽放。大学是温柔的,但社会是残酷的,在这个残酷社会竞争中,胜出的从来不虚假和浮华,胜出的只有真本事。没有,你就注定失败!

5. 活出行动力

世界上的事情没有一件是计划出来的，全都是靠行动一步一步做出来的。

大学生是一群很有想法的人，对现状的不满足和对未来的期待让大学生每时每刻都在产生各种各样的想法和计划。我们常常在为自己制定计划："希望我可以每天早上6点起来跑步锻炼身体""每天可以阅读1~2小时""我很喜欢吉他，希望我可以每天都练习弹吉他""这学期要学好英语，通过英语四级考试"。可是结果却往往是"我太困了，再睡一会，明天开始吧""感觉没做什么，但是好像没时间读书呀""我就练了3天，吉他都蒙上灰尘了""四级？下学期再说吧"。时间就在这"做"与"不做"中悄然而逝。

哈里是著名小说《根》的作者，他曾是美国海岸警卫队的一名厨师，业余时间帮同事们写情书，当他发现自己爱上写作后，就下定决心两到三年内写一本小说。于是，每天晚上当别人出去娱乐时，他就在房间里写作，退役后,他依然坚持写。因为没有多少稿费,他的欠款越来越多,甚至没有买面包的钱,但他依然坚持写。期间有朋友实在看不下去了,就给他介绍了一份到政府部门工作的差事,他拒绝了,理由是他要成为作家,所以要不停地写。十二年后,他写完了那本书,就是他的成名之作——《根》。据说他的手指都变形了,视力也下降了很多。值得庆幸的是,他的那本书引起了很大的轰动,仅在美国就发行了160万册精装本和370万册平装本,他的收入一下子超过了500万美元。他曾说过:"取得成功的唯一途径就是立刻行动,努力工作,并且对自己的目标深信不疑。"

大学生现在可以通过各种渠道了解自己应当做什么,大多数人也为了更好的未来为自己制定了无数个计划,真正执行的却寥寥无几。于是,终日感叹自己身无所长、控诉竞争的残酷无情。很多人都很奇怪,特朗普这样一个没有任何从政经验,这么不受美国主流媒体和资深政客欢迎的人是怎么当选美国总统的？这里面自然有很多原因，但是其中一条非常重要的原因，是他参与了美国大选，他是一个有行动力的人。有一句话说得好："一个人之所以变得平庸，不是因为他做了什么，而是因为他什么都没做。"事实上，"行动力"的缺失才是大学生迷茫、空虚、惶惶度日的根本原因。任何完美的计划，如果只停留在计划阶段，它就永远都只是一艘没有起航的巨轮，只有行动才能抵达胜利的彼岸。

6. 请你负重前行

有人说：

"大学要做这么多事，得多累啊？"

"难道大学不可以轻松一点吗？"

"我觉得大学就应该好好玩呀！"

那么，同学，你有没有听过一个十字架的故事？

每个人都背负着一个沉重的十字架艰难前行。十字架真的很重、很大，大家都走得很缓慢。走着走着，有一个人停下来了,他看着背上沉重的十字架,心里打起了小算盘:"我背着它这么走,得走到何年何月呀,太辛苦了,能不能想点办法好让自己轻松一点?"于是,他拿出了小刀,做了一个很"聪明"的决定:他要把十字架砍掉一些。砍完以后的十字架变小变轻了不少,他走得快了一些,也轻松了一些,他心里很满意。就这么走着走着,不知道走了多久,十字架已经从一开始"让他很满意"变成了"习以为常",他又停了下来,盘算着:"果然十字架轻一点走起来就容易多了,可是这个十字架还是太重了,如果再轻一点就好了。"为了能走得更轻松,这次他将十字架砍掉了一大截。砍掉后的十字架显得非常小巧,他终于可以毫不费力地前进了。很快,他一路赶超那些负重前进的人,哼着歌,走到了队伍的最前面。而就在这个时候,一条又深又宽的沟壑阻断了他的去路,沟壑上没有一座桥,沟壑旁边也没有一条路,想要前进只有一个办法:跨越沟壑。就在他不知如何前进的时候，后面的人慢慢地赶上来了，他们把自己背负的巨大的十字架架在沟壑上，十字架瞬间变成了一座桥，而搭桥的人从容地跨越了沟壑。他模仿着其他人想要用十字架搭一座桥，可是，他的十字架太小了，根本无法连接到对岸。最后，他只能悔恨地站在原地，眼睁睁地看着其他人越走越远……

谁不喜欢轻松的生活，但是生活原本就不轻松。大学以前的你不轻松，你背负着你的十字架——繁重的题海、考试、升学，你觉得很残酷，但是你终于进入了大学。你觉得大学总该轻松一点吧。可是，你别忘了，大学不是终点，大学也有下一个阶段，下一个更加残酷的阶段——社会。那里的沟壑更宽、更深；那里的竞争更激烈；那里的十字架更重，砍掉它，也许你将寸步难行。所以，同学，请你记住，负重前行才能岁月静好。

三、你不止眼前的苟且

我们先来说一部动漫,《航海王》。

《航海王》是日本漫画家尾田荣一郎作画的少年漫

画作品，1997年在《周刊少年Jump》34号开始连载，1999年10月20日其改编版电视动画在富士电视台首播，至今在全世界仍然拥有众多追捧者。对于"海贼迷"来说，喜欢这部动漫的理由是方方面面的。但是，在这部动漫里面有一个东西却感染着所有人，那个东西就是理想。

故事的主角叫路飞，初生牛犊不怕虎。路飞有一个理想，他要成为海贼王，他要成为这个世界的王者。他是有能力的，但是却远远没那么厉害，这条成王之路注定充满坎坷和挑战，甚至可以说是不切实际。他每一次遇到的对手从理论上来讲都是不可战胜的，他每一次遇到的困难都可以称为绝境。让人振奋的是他几乎每一次都能超越自己战胜困难，在一次次的绝境中，他永远能坚定地喊出那句："我一定会成为海贼王！"这一份对理想的坚持与坚定震撼着所有人。

在这部动漫里面，有理想的不仅仅是路飞，路飞的伙伴们都有各自的能力，都追求着自己的理想。而在这些角色里有一个角色显得是那么特殊，他叫乌索普，是一名射击手。说他特殊，是因为他不像其他人一样，有着出类拔萃的、不可替代的能力，他撒谎、说大话、胆小、临阵脱逃，在这个团队里他显得是那么的弱小和格格不入，甚至很多人质疑这个角色根本就不应该出现。一开始我也不理解，但是后来我明白了，这个角色代表的恰好就是现实中普普通通的我们。你有超能力吗？你是不是也胆小呢？你是不是也会撒谎，也会说大话呢？遇到困难，你是不是也会逃避呢？可是，就是这样一个人，他也有他的理想——成为一名勇敢的海上战士。在我们看来，就连他的理想都显得那么渺小，仅仅是希望自己能够勇敢而已，而他坚持着这所谓渺小的理想，正在变得越来越勇敢。

那么，你呢？

(一) 即使什么都没有,也一定要有理想

大学是人生中一段挺尴尬的时期,你成年了,可是你还没有成熟;你对生活有很多不满,可是你远远没有能力改变;你的欲望在快速膨胀,可是你的成长却是缓慢的;你也许正怀揣着梦想,可是却止步于残酷的现实。人们总说,理想很丰满,现实很骨感。正因为如此,现在的人都只说现实,那些谈理想、相信理想的人反而被认为是不切实际的。

理想真的就屈服于现实了吗?

哈佛大学曾经做过一个著名的调查。

1960年,有学者对哈佛大学1520名学生做了学习动机的调查,就一个题目:你到哈佛商学院上学是为了赚钱,还是为了理想?结果有1245个人选择了"为了赚钱",有275人选择了"为了理想"。有意思的是,20年之后,人们对于这1520名学生做了跟踪调查,结果让人大吃一惊:受调查的1520名学生中有101名成了百万富翁,而其中的100名当时选择的是"为了理想"。

现实真的很骨感,骨感的现实容易使人变得浮躁,使人注重眼前而轻视未来,通常会把眼前和未来、现实和理想对立起来。但是,事实上,理想和现实从来都不是对立的,而是相互依存的。理想从哪来?从现实中来,正是因为现实中没有的才想要在理想中拥有,正是因为现实中弱小的才想要在理想中变得强大,理想就是我们对现实的反抗,而一个勇于反抗的人才有可能改变现实。现实很冰冷,所以理想似乎总是披着一件"不切实际"

的外衣，可是只要太阳足够炙热，外衣总有脱下的那一刻。

就像南非前总统曼德拉，用他的信念和坚持完成了不可能完成的事。曼德拉一辈子的理想就是消除南非的种族隔离政策，可是在当时，种族隔离在南非早已是司空见惯，甚至很大一部分黑人都把自己看成下等人，对权利和自由的丧失习以为常，认为种族间的不平等是天经地义的，但是曼德拉没有认同这种观点。曼德拉认为非洲这块土地自古以来就是黑人的家，黑人才应当是这块土地的主人。因此，他下决心消除种族歧视。

这当然很难，甚至看起来是那么的不切实际。为了实现这个理想，曼德拉被关进了监狱，这一关就是27年。即使是在监狱里，曼德拉也没有放弃过，他一直在为自己的理想而奋斗着。27年后，曼德拉出狱的那一刻，种族隔离政策土崩瓦解。

千万不要再说"我什么条件都没有，理想那么远，还谈什么理想"。请从这一刻开始告诉自己：即使我什么都没有，也一定要有理想。

（二）理想能带给我们什么？

1. 理想给我们方向

什么是理想？

理想就是一个人的全球卫星定位系统，一个 GPS，它让我们不害怕迷路。

当我们走在熟悉的道路上的时候是不需要 GPS 的，可是一旦当我们迷路了，GPS 的重要性就体现出来了，它会告诉你该往哪里走，会给你一个方向。

万通控股集团董事长冯仑曾经讲过一个故事。

有一年，冯仑和王石一起开车到了戈壁滩上，车已经行驶了很长一段时间，他们突然发现汽车很快就没有油了。车上没有备用汽油，前面的车已经走了很远，后面没有任何来车，戈壁滩上没有手机信号，他们陷入了困境。

这个时候摆在他们面前有两个选择：第一，将汽车继续往前开，但是不知道什么时候，车就会彻底没有油了（汽车的油绝对不足以开出戈壁滩）；第二，将汽车停下来，想想办法。你会选择哪一个呢？而他们选择了第二个，因为如果汽车彻底没油了，就真的绝望了。

当天天气非常热，冯仑描述说，感觉高温几乎要把轮胎给融化了。高温，再加上不知道怎么办的恐惧，他们开始变得越来越焦躁。好在他们有一个比较有经验的司机，下车以后，司机就到处走，到处寻找。司机在寻找什么呢？他在寻找"车辙印"。戈壁滩上非常广阔，四面八方看起来都差不多，戈壁滩上又没有路标，辨认方向十分困难。汽车在戈壁滩上行驶，最好的导航就是地上的车辙印。司机找到一个车辙印，然后把车开过去横在车辙印上，接下来能做的就只有等。

等的这个过程非常难熬，因为他们根本不知道什么时候会有车。等了大概2个小时左右，终于来了一辆车，汽车无法带走他们，于是他们给了一个号码，希望汽车出去以后帮他们打这个电话，叫人来救他们。接下来他们能做的，又是漫长的等待。他们又等了一个多小时，终于有人来把他们接走了。虽然这个时间也并不短，但是他们却不那么焦躁了，因为他们有了希望，有了方向。

我们的人生中，这种方向是由理想来提供的。

人生路很长，岔路很多，路一长，人就容易迷失，容易忘记为什么而走，如何能够走一条对的路，如何坚持把这条路走下去，如何走好这条路成为终其一生的疑问。我们告诉自己:"不忘初心,方得始终",可是在漫长的人生中,我们面对的诱惑和挑战何止一二,于是我们又自问,到底什么是初心?在沙漠中,一个人在什么情况下最容易死?不是没有食物,不是没有水,而是没有方向。

人生需要方向。

有同学问:"方向真的那么重要吗?我做好眼前的事,一步一步踏踏实实地走难道不行吗?"人无远虑,必有近忧。一个明确的方向能够带来的不仅仅是一个目标,还有为了实现这个目标所具备的一些品质。一个有理想、有方向的人会快乐一些,毅力会更强一些,会更加踏实一些,会更有韧劲一些,而这些都会增加一个人成功的概率。

哈佛大学有一个非常著名的调查。

有一年,一群意气风发的天之骄子从美国哈佛大学毕业了,他们即将开始穿越各自的玉米地。他们的智力、学历、环境条件都相差无几。临出校门，哈佛对他们进行了一次关于人生目标的调查。结果是这样的：27%的人，没有目标；60%的人，目标模糊；10%的人，有清晰但比较短期的目标；3%的人，有清晰且长远的目标。

25年后，哈佛再次对这群学生进行了跟踪调查。结果是这样的：

3%的人，他们朝着一个方向不懈努力，几乎都成为社会各界的成功之士，其中不乏行业领袖、社会精英。

10%的人，他们的短期目标不断实现，成为各个领域中的专业人士，大都生活在社会的中上层。

60%的人，他们安稳地生活与工作，但都没有什么特别的成绩，几乎都生活在社会的中下层。

剩下的27%的人，他们的生活没有目标，过得很不如意，并且常常在埋怨他人、抱怨社会，抱怨这个"不肯给他们机会"的世界。

其实，这样的结果背后只有一个原因：你是否知道自己要做什么，你是否有一个清晰的目标，一个方向。

理想，就是那个方向。

2. 理想给我们前进的动力

什么是理想？

理想就是人生的引擎，推着我们前进，为我们提供不竭的动力。

格拉德维尔在《异类》一书中提出了一个"一万小时定律"，他说："要成为某一个领域的专家，需要10 000小时。"这意味着什么？假如你每天工作8小时，每周工作5天，那么，你至少需要5年。而在这5年里，你不是混日子，不是随便做做，而是需要不断地努力、学习、锤炼，克服难以想象的困难，然后你才能成为一个卓越的人。试问，在我们的人生中，有多少事能够坚持5年？似乎很多事能坚持5个月都值得称赞，毕竟"三天打鱼两天晒网"的人比比皆是。

我们都希望自己能够成为一个卓越的人，而卓越的基础是持之以恒的努力和奋斗。可是，即使你已经认识到这一点，你也不见得就能做得到。你仍然感叹于自己虚度年华，却继续无所作为；你仍然不满意于现实的残酷，却安于现实的安排；你仍然明明知道自己应当做什么，却难以迈出那一步。这一切都是因为我们缺少正确的认知吗？不是。我们缺少的是行动的动力。

那么，动力到底从何而来？

用一个公式可以很好地回答这个问题：动力＝目标价值×期望概率。

显而易见，动力来源于两个方面的相互作用：目标价值和实现目标的期望程度。这意味着，你想要拥有强大的动力，就得有一个有价值的目标，并且你强烈地希望实现它。这个有价值的目标就是理想。

彼得·杰克逊，好莱坞著名电影导演。他一生拍了很多著名的电影，可是对于他而言，有一部电影的地位是至高无上的，甚至改变了他的一生，这部电影叫做《金刚》。1969年，年仅8岁的彼得·杰克逊看了一部电影——《金刚》，那是一部拍摄于1933年的老电影。彼得·杰克逊被电影魔幻的剧情深深吸引，他下定决心长大以后要成为一名电影人，以电影为生，他也要拍摄一部《金刚》。

几年后,父母见他如此痴迷,送了他一台摄影机,从此以后,他便开始了拍摄之路。事实上,在他12岁的时候还真的翻拍过一次《金刚》。在金属线框成的模型中填满了被他剪碎的衣服,而怪兽的毛发则来自他妈妈捐出的一条毛披肩。帝国大厦只是一个纸板做的模型,而且不上镜头的那一面还没有涂色,而纽约城市背景则是一条染过色的床单。当然,电影并没有拍摄成功,但是拍摄电影的道具都被彼得·杰克逊保存了下来,这次拍摄也成了他宝贵的经历。

后来,彼得·杰克逊成为一名真正的电影人,拍摄了一些优秀的作品,在电影圈里也变得小有名气了,同时他并没有忘记自己儿时的理想,他找到环球影视,希望他们出资帮他重拍《金刚》。由于他所拍摄的前一部电影在票房上惨败,环球影视拒绝了他。然而这一切并没有阻止彼得·杰克逊的脚步,他继续着他的创作。2001年,彼得·杰克逊拍出了风靡全世界的电影——《指环王》,该系列电影共获351项国际奖项,其中包括17项奥斯卡金像奖,彼得·杰克逊也因此名声大噪。这时,环球影视主动向他伸出了橄榄枝,希望帮他重拍《金刚》,这样才有了2005年的那部《金刚》。那一年,彼得·杰克逊已经44岁了。实现理想的强烈欲望,让他这30多年动力十足。

你也许会问:"没有理想难道就没有动力吗?"有,但是想要卓越,这还不够!理想就是那个使我们预见未来的核动力。

3. 理想能够让生活变得简单

什么是理想?

理想就是人生的橡皮擦,擦去一些不必要的烦恼,然后你的生活就会变得简单。

你会开车吗？一般来说，在开车这件事上，新手都会遇到一个共同的问题，就是车总是开得歪歪扭扭的，即使使劲把方向盘端得很稳，还是难免开成 S 形路线。这个时候，老司机都会告诉你一个道理：要想车开成直线，眼睛就不能盯着眼前的路，心里就别纠结是应该左一点还是右一点，眼睛看着远方，轻轻握着方向盘，这个车自然就开得直了。

其实，我们的人生何尝不是这个道理。谁不希望自己可以活得简单一些,做该做的,乐该乐的,简单才能快乐。可是却发现自己偏偏为小事纠结,踌躇不前,闷闷不乐。你可曾想过,是你看得太近,左顾右盼,走过的路才不直。你关心什么,什么就构成了你的世界。家庭主妇关心的是柴米油盐酱醋茶,眼睛看到的是家长里短,这就构成她的世界;农民关心的是春耕秋种,眼睛看到的是邻里纷争,这就构成他的世界;你只看到眼前,你当然就只能困于这些小事,走得歪歪扭扭。人生同样需要我们往前看,往路的远处看,看向理想,一个有理想的人对事物的看法和态度会变,他不会再纠结于一些小事。

这种结果到底是怎么发生的呢?其实这就是"第一性原理"。"第一性原理"是什么呢?"第一性原理"原本是计算机物理的一个概念,其理论太过复杂,我们就不多解释了。简单讲,"第一性原理"就是,我们在做决定的时候,要注意把眼光从周围的事情上挪开,只考虑最基本的那个原则,从最基本的原则出发来判断一件事情的对错,做或者不做。这个原理被广泛地应用于各个领域,举个例子,我们介绍一个人——伊隆·马斯克。

伊隆·马斯克是赫赫有名的特斯拉的老板,其实他涉足的行业很多,发射火箭、太阳能、计算机、轨道交通等都有他的身影。这一路走来,伊隆·马斯克获得的赞誉很多,受到的质疑也不少,甚至有人说他就是个"大忽悠",搞这么多新概念公司其实就是为了在资本市场上圈钱。可是你发现,不管什么样的质疑声都没有让伊隆·马斯克迟疑半点，他用自己的节奏坚定地走着自己的路。

伊隆·马斯克到底想做什么呢？2016年，伊隆·马斯克在一次演讲中透露了他的秘密。那次演讲的题目叫Making Humans a Multiplanetary Species，伊隆·马斯克的理想是要把100万人送到火星上去生活。乍一听，这个计划靠谱吗？相当不靠谱！这不禁让人很好奇，伊隆·马斯克这么聪明的一个人，怎么会做这么不靠谱的一件事呢？又是什么让他在如此尖锐的质疑声中不为所动？他所做的这一切跟他这个理想又有什么关系？这就是伊隆·马斯克的"第一性原理"。

让我们回到伊隆·马斯克那个不切实际的理想，来做一个计划。要完成这个理想，首先，要把100万人送上火星。要把人送上火星需要钱。需要多少钱呢？美国政府曾经算过一笔账，在现有技术的基础上，要送一个人去火星，大概需要的资金是100亿美元。那么送100

万人就需要10 000万亿美元，相当于美国500年GDP收入的总和。这个数字实在是太大了。伊隆·马斯克说，那我们要把费用降到50万美元，也就是说要把成本降为原来的两万分之一。伊隆·马斯克对2万进行了拆分：20 000＝20×10×100，也就是说只要把火星飞船容量提高20倍，把火箭的成本下降到1/10，火箭重复使用，这样就可以成功降低成本。可是这些仅仅是理论上的数据，做起来谈何容易。

做还是不做，就成了一个问题。然而在伊隆·马斯克看来，这从来不是做或者不做的问题，而是怎么做的问题。第一个，火箭容量的问题。现有的火星飞船一次只能装5个人，提高20倍就可以装100个人，伊隆·马斯克说，那就造大一点的火箭。SpaceX目前正在试验这样的火箭，据说2019年就可以见到火箭的雏形。第二个，火箭的成本问题。SpaceX是个私营公司，相比政府企业效率更高，目前其成本已经下降到了五分之一。第三个，火箭重复使用的问题。重复使用的关键是回收火箭的问题，如果你关心新闻，你会知道，火箭的回收早已不是什么新鲜事。2019年1月11日，SpaceX在美国加州完成了火箭的第33次回收。这就是伊隆·马斯克的公司SpaceX在做的事情——把人送上火星。

这100万人上火星，怎么生活？火星上温度极低，几乎没有氧气，只有少量的水，人根本活不了。因此，伊隆·马斯克的其他几家公司就是来解决这些问题的。

众所周知，特斯拉是生产电动汽车的，而特斯拉还有一家子公司叫Solarcity，是做太阳能的。现在你明白了吗？火星上没有氧气，能源可不是就只能用太阳能，开车可不是就只能是电动车吗？

伊隆·马斯克还有一家做地下高速轨道交通的公司，那就是火星上的交通工具，地底下方便供氧。

另外，伊隆·马斯克在2015年发布了一个"星链计划"，他要发射1.2万颗通信卫星，解决在火星上通信的问题，你要知道，人类迄今为止发射的卫星一共也就4000颗。可是伊隆·马斯克没开玩笑，他的卫星已经上天了。

看到这里，有没有震撼？事实上，伊隆·马斯克在各个场合都讲过他的理想，只不过如此疯狂的计划，大家也都一笑置之。即使到了今天，仍然有人在怀疑伊隆·马斯克的理想到底能不能实现。可是，跟过去一样，对于伊隆·马斯克而言，这些声音和质疑都无法影响他，他有他自己的"第一性原理"。

这是一个信息爆炸的时代。这个时代的好处在于，在我们面前有更多选择的可能性。坏处在于，这些可能性让我们的生活变得更丰富的同时，也让我们的生活充满了更多的不确定性，这些不确定性带来的徘徊和恐惧，反而让我们难以把握住自己。所以，选择越多，诱惑越多，越需要专注，找到一个目标、一个理想尤其重要。

其实，这一切对你而言并不陌生，你早就已经体验过了。高一、高二的时候，你发现你在乎的东西可多了。你每天都在想自己要吃什么，穿什么，有没有长胖，有没有长痘痘，昨天还跟你手挽手的小红今天跟你还是不是好朋友，唯独没有心思关心的好像就是学习。那个时候的你左顾右盼，患得患失，惶惶不可终日。你有没有发现，以上我们说的问题，一到高三，全解决了。你问问高三时候的自己吃什么？"随便，饱肚子就行，最好是补脑的。"穿什么？"随便，保暖就行。"长胖了怎么办？"随便，以后再减。"长痘痘了怎么办？"随便，痘痘总会好的。"小红不跟你做朋友了怎么办？"小红是谁？"你还记得那时的感受吗？学习很累、压力很大，可是你过得充实且快乐。

理想，就这样让你的生活变得不一样了。

4. 理想让生活不只是苟且

什么是理想?

理想就是人生的诗和远方,让我们不困于苟且,活得有激情。

活着并不难,可是人绝不仅仅是活着就可以的。

1954年,加拿大做了一个著名的"感觉剥夺实验"。实验人员找来大学生志愿者,志愿者们被要求单独待在一房间内,戴上半透明的眼罩(视觉)和耳塞(听觉)、用纸壳做成的袖笼子以及厚厚的棉布手套（触觉），除了吃饭、睡觉、上厕所，其他时间就躺在床上，除此以外什么也不用做，只有一个要求就是，尽可能待的时间长。当时一个大学生打工一小时的工资是80美分，而实验人员承诺给每个志愿者每天20美元，所以很多大学生都非常愿意参与这个实验。大学生普遍觉得虽然什么都不做躺着很无聊，但是也可以借此时间好好补补瞌睡，还可以思考一下大学的学业和论文的问题，等等，所以很多大学生都来了。然而，没几天，这些大学生全都走了。被测试的大学生们表示这个过程非常难熬，躺在床上根本没办法思考，脑子里总是天马行空的，想要集中几秒钟都很困难。而且，其中有50%的大学生在离开的时候已经开始产生了幻觉：有视觉上的幻觉，总觉得眼前有灯光在闪烁；有听觉上的幻觉，听见狗叫声、滴水声、手指敲击键盘声；还有触觉上的幻觉，感觉总有钢板压着额头和脸颊,甚至感觉有人从身体底下把床垫抽走了。这些幻觉让志愿者们根本没办法坚持。

实验虽然比较极端,却告诉了我们一个道理:一个人如果只剩下吃饭、睡觉这种生理欲望的满足是根本生活不下去的,人想要好好地活着还需要大量的外部刺激,还需要有更高的追求。

人往往是这样,我们都低估了自己的需要。我们认为我们需要什么呢?我们通常是看别人有什么,总觉得别人好像都活得很好。为什么别人活得好?说得世俗一点,因为他们有房、有车、有钱、有生活。乍一看,这不就是寒窗苦读的莘莘学子梦寐以求的生活吗?这不就是我们年轻时对人生的所有的假设吗?可是,我们眼中自己的生活却是满地鸡毛。于是我们每日勤勤恳恳,日复一日,终于我们不负韶华,活出了我们眼中别人的样子。然而有一天我们突然发现,这些年生活除了这满地的鸡毛,好像也就再无其他。我们很困惑,不知道自己哪里做错了,为什么明明很努力地在生活,却越来越看不懂生活。我们不断地满足自己的欲望,却发现自己仍然内心空虚,漫无目的,欲求不满,毫无激情,甚至自暴自弃,这是为何?

孟子说:"饱食暖衣,逸居而无教,则近于禽兽。"

莎士比亚说:"一个人在他的生命盛年,只知道吃吃睡睡,他还算什么东西,简直不过是一头牲畜。"

人与动物最大的差别在于,动物不思考,所以它们服从于本能,靠活着而活着,它们没有理想。而人有思想,肉体的欲望远远无法使我们满足,我们会反抗,反抗是为了精神上的欲望。

2012年10月11日,台湾上映了一部纪录片,叫《不老骑士:欧兜迈环台日记》(欧兜迈就是摩托车的意思)。这部纪录片讲述的是:2007年11月13日,在弘道老人福利基金会的推动下，17位平均81岁的长者，开始了为期13天的骑摩托车环岛壮举，他们从台中出发，一路先往南行经台南、高雄、屏东、台东、花莲、宜兰、台北，再回到台中，总路程长达1178公里！17位长者中，年纪最大的89岁，最小的72岁，有2位曾罹患癌症，4位需戴助听器，5位患有高血压，途中历经险峻的苏花公路，历经团长三进三出医院，但他们一一克服困难，用无惧的心、热血的行动完成了壮举。在这次环岛旅程中，有一个带着已经去世的妻子的照片上路的老人，他叫何清桐，81岁。他年轻时就经常和妻子一起环岛旅行，他们相约到80岁时如果还活着，就再一次环岛旅行。妻子在20多年前去世了，而何清桐老人带着照片完成了妻子的梦。13天的环岛旅程下来，16位爷爷和1位奶奶不约而同地表示自己变得更年轻、更有活力了！

理想就是对我们精神上的欲望的一种宣泄。

人到底为什么要活着？为了一日三餐，为了活着，还是为了活成别人羡慕的样子？在这些重新燃起激情的老人身上，我们仿佛可以看到答案。人生要活得有意义，就得有理想，没有理想就没有激情，没有理想的人生如死灰一般。人活于苟且，人却无法安于苟且，你的叛逆由理想来为你安放。

四、关于人生观那些事

人生这条路对于每个人来说都只有一次。这条路对你来说很陌生,当你第一次走,没有经验;这条路有很多陷阱,你会犯很多错误,可以纠错却不允许反悔;这条路有很多诱惑,你会犹豫,可以心动却不能行动;这条路有很多困难,你会害怕、会累,可以小憩却不能停驻。总之,不管前路是荆棘还是惊喜,你都只能张开双臂,一往无前。

人生总要过,但质量却可以不同。关于人生的那些困惑和陷阱,让我先跟你说一说。

(一) 关于人生三点重要的共识

1. 活着就有希望

"While there is life, there is hope" 是斯蒂芬·霍金的一句名言,而霍金用他的生命生动地诠释了这一句话。

1942年1月8日,霍金出生在英国。知识分子家庭出生的霍金,从小就接受了很好的科学教育。一路读书、学习,17岁的霍金凭借自己的努力考入了牛津大学,学习物理和化学,并获得全额奖学金。霍金是个天才,大学课堂的内容根本无法满足他,他的老师伯曼教授曾说,霍金是他教过的最聪明的学生。1962年,霍金又进入剑桥大学念博士,这次他选择的专业是宇宙学。而就在这位天才想要大展拳脚的时候,霍金的身体出了问题,他的手脚越来越不灵活,走路也不行,甚至连系鞋带这种最简单的事情他也做不了,医生诊断霍金患了"渐冻症",还能活 2 年。

这位物理天才面前的路几乎是绝境,他仍然调整心态,继续全身心地投入到学习和研究中。霍金的病情在不断恶化,从一开始能用拐杖走路,到慢慢失去了写字和语言能力。1985 年,霍金因患肺炎做了穿气管手术,被彻底剥夺了说话的能力。虽然霍金自己开发出了一套在脑子里进行复杂物理问题思考的方法,但是身体技能的丧失仍然是个大问题。好消息是,这种病虽会导致肌肉活动困难,甚至会使人死于呼吸肌感染引起的窒息,但是患者的思维、记忆、人格、智力都不会受影响。其他的问题就交给时间,交给科技的进步。

自从完全失去语言能力后,霍金同 20 世纪 80 年代所有渐冻症患者一样,使用 Waltosz 开发的软件 Word+来选词说话:光标会在荧幕上逐行扫描,经过某个单词或者字母时,按下开关,单词或者字母会显示在荧幕下方;这个步骤会一直重复进行,直到凑出整个句子;接下来,语音合成器会将句子念出来。通过 Word+,霍金每分钟能打出 15~20 个词,而且据说他是使用这种输入法最快的三个人之一(另外两个分别是开发者本人和他的好友)。

霍金最初使用 Radio Shack TRS-80 家用电脑,后来转到了 IBM 的 PC,苹果的 Mac,还有 Windows,直到剑桥的电脑大师大卫·梅森为他改造出了第一台拥有小电脑的轮椅。

从 2005 年开始，霍金的病情再度加剧，仅剩的三根手指也愈发无力，无法再按下开关。他的助理设计出了一种戴在眼镜上的"面部开关"：眼镜上安装了负责侦测肌肉活动的红外线发射器及侦测器，每当霍金的肌肉抽动时，在前面的荧幕上就会依次出现 6 个字母，他靠再次肌肉抽动进行选择，然后荧幕上就会以这个字母开头的单词，再让霍金进行选择。据说使用这种输入法，霍金每分钟仅仅可以打出 5~6 个单词，靠脸来收发邮件和浏览互联网。

但是到了 2011 年，霍金的病情恶化到难以控制自己下巴的抽搐，与外界交流的速度明显减慢，每分钟只能说 1~2 个词，无奈之下，霍金再度求助英特尔（Intel）的摩尔。

2012 年，Intel 的专家们开始了正式的大规模改造，最终以开源的形式公布了辅助情感感知工具包 ACAT 的升级成果：ACAT 让使用者可以通过几乎任何面部动作进行交互操作，包括眨眼、挤眉毛等，虽然霍金依旧还是靠面部肌肉打字、说话，但他完成日常任务（管理文件、收发邮件等）的速度提高了 10 倍。霍金终于又可以正常工作了。

在霍金患病的 54 年中，科学技术的进步是突飞猛进的，凭借着科技的进步，霍金这样一个渐冻症患者仍然为世界做出了杰出贡献。

2006 年，霍金曾在香港发表过他关于"安乐死"的个人见解：如果是自愿的，受病痛折磨的人应该有权利结束自己的生命。但我认为这会是个大错误。尽管生命看似很坏，但你总能找到事做，也会像别人一样取得成功。有生命，就有希望。

或许，你觉得霍金是科学家，他的成就是多少人共同努力的结果，我作为一个普通人，怎么能做到呢？事实上，很多成功的人在看到希望之前都是一个普通人。

据《礼记·曲礼》记载，当周文王找到姜子牙的时候，姜子牙已经 72 岁了，在此之前，他只是一个独坐江边垂钓的老头。从此以后，姜子牙跟周文王一起开辟了周朝八百年江山。试问，一个 72 岁的老人是如何做到的？

齐白石的有价值的画作大都画于八九十岁这个阶段，而早年他还只是一个木匠。

是不是活着就有希望？

2. 看淡人生的起伏

> 如果难过 就努力抬头望天空吧
> 望着望着就忘了 它那么大
> 一定可以包容你的所有委屈

在我们漫长的人生中，起起伏伏是常态。人生就像爬山一样，我们总是要从一座山峰到达另一座山峰，而这条路一定不是平路，我们必须先走一段下坡路，经过一段山谷，才能登上下一座更高的山峰。人不可能一直待在山峰上，高处不胜寒。既然如此，我们就应当看惯人生的起伏。

其实，每个人的人生都是起起伏伏的，比如林志玲。林志玲1974年出生于台北，从小便长得漂亮，资质不错。1990年，林志玲被星探发掘成为一名模特，然而以林志玲这样的条件做了7年的模特竟然都没有红。完成大学的学业以后，原本打算凭借着所学美术专业进入台北市立美术馆工作，可是无奈人家的招聘标准是硕士以上学位。之后林志玲只能到一家公司做起了艺术策展人工作。据林志玲自己描述：曾经有一次，因为自己用坏了复印机，吓得站在那里动都不敢动。你能想象这是你现在看到的林志玲吗？而这个时候她的人生似乎已经跌入了谷底。之后她回母校继续深造，在此期间有了机会，又回到了娱乐圈，人气逐渐积累，才有了我们所熟悉的林志玲。

经过千难万苦，一切总该顺利了吧？可是，红起来的林志玲仍然背负着各种争议：有人说林志玲声音太嗲，听起来不舒服；有人说林志玲只是一个花瓶。林志玲在争议声中艰难前行，用一部部电影证明了自己的实力。时间总是很温柔地抹去了一些东西，现在林志玲已经40多岁了，已经没有人再质疑她的声音，大家早已经接受了，还觉得挺好听，就连"高德地图"都有了林志玲导航版本，相反大家开始惊叹于她的"逆生长"。

林志玲如此，我们亦然。我们本来就活在起起伏伏的常态中，既然无法逃避，那就坦然面对、欣然接受，在起起伏伏中享受人生的处处惊喜。

3. 坚持走下去

> 无论正在经历什么，都请你不要轻言放弃，因为从来没有一种坚持，会被辜负。

在这个起起伏伏的人生中，我们要做的就是——坚持走下去。只要你坚持往前走，你就会发现，再难的路其实你都可以走得很远。

新东方创始人俞敏洪在他的演讲中曾经讲过这样一个事情。新东方是一个充分发挥员工潜力的企业，用俞敏洪自己的话来说，就是"女人当男人用，男人当畜生用"。可是这么高强度的工作是需要非常坚强的意志力的，能不能坚持下去就是个问题。为了激发员工的潜能，新东方的新进员工都必须参加一次"一天徒步50公里"的活动，不参加就只能离职，于是就有了这样一个过程。

徒步一开始一般来说是很愉快的，大家背着小包，说说笑笑，有一种旅游的气氛，但是这种气氛最多只能维持10公里。大概10公里的样子，大家就开始觉得有点累了，但是这种累基本属于"还能忍"的程度，所以大家就只是没什么话，然后埋头往前走。一般来说，走到25公里的时候是最难熬的。25公里几乎是好多人一辈子走过的最长的路，很多人脚上已经磨出了水泡，生理上的极限让很多人都开始想要放弃。可是新东方选的路可不是一条你可以随便放弃，然后选择一个轻松的方式回去的路。那是一条单行道！在25公里处，摆在所有人面前只有两个选择：第一，往前走25公里；第二，往回走25公里。很显然，所有人都只能往前走。而结果是，所有人都走完了50公里。那一刻，多少人抱头痛哭，他们被自己感动。

你懂了吗？人生的路真的很难走，但是好在人生很多时候也是一条单行道，只要你足够坚定，一步一步往前走，就没有你到不了的远方。

就像有人问邓小平："长征二万五千里，请问您是怎么走下来的？"邓小平回答："跟到走！（四川话）"

（二）你可以有你的态度

有句话说得好："态度决定一切"，对于人生同样适用。在我们这个起起伏伏的人生中活着，没点智慧可不行。对我们每个人而言，虽说人生的际遇是靠自己创造的，但个中挫折、疼痛却是躲不掉的，于是如何能拥有更高质量的人生，让自己在此过程中不受罪就成了一种智慧。改变外在的世界或许是一个途径，如若外在难以改变时,改变自己内在的态度,让自己活得更舒服,就显得至关重要。

1. 务实一点,幸福就在眼前

人应当有理想,它给予我们指引,成为我们奋斗的动力,但是当我们面对每天的生活的时候,却需要我们务实一点,不要被欲望掌控。不过,"务实"这个词听起来真的不太讨喜,它不像"努力""奋斗"这样的词一样让人热血沸腾,相反,听起来好像有一些消极。事实上,这是误解了"务实"的能力。务实能带给我们什么呢?务实能带给我们的也许是所有人终其一生都在寻找的东西——幸福。

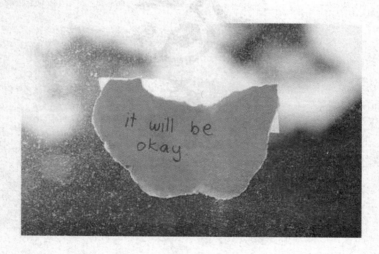

关于幸福,有一个公式:幸福=拥有÷欲望。在任何时刻,我们所拥有的东西几乎是一定的,那么也就意味着,你的欲望越小,你的幸福就越大。也许一个公式还不能完全说服你,那么我们来看看美国的一个著名调查。

霍华德·金森是美国哥伦比亚大学的一名博士研究生，1988年他在博士毕业阶段写了一篇论文，题目就叫《人的幸福感取决于什么？》。为了得到答案，霍华德·金森一共发放了10 000份问卷，回收了5200多份。问卷要求填写详细的个人资料，然后只有一个选择题，就是你对自己是否幸福的判断。一共5个选项：A. 非常幸福；B. 幸福；C. 一般；D. 痛苦；E. 非常痛苦。

经统计，在回收的5200多份问卷中，只有121个人选择了"非常幸福"。既然是要研究幸福，霍华德·金森对这121个人进行了进一步的调查。调查结果显示，这121个人分为两类：其中有50个人是这个城市的成功人士，所以他们的幸福感主要来自于事业上的成就；而另外71个人就非常普通，有的是家庭主妇，有的是卖菜的农民，有的是公司的小职员，有的甚至是领救济的流浪汉。霍华德·金森很奇怪，这些人这么平凡，为什么也会这么幸福?于是,他对这71个人进行更加深入的了解。最后发现,这些人虽然职业不同、性格各异,但是他们都有一个共同的特点,就是他们在物质上都没有太大的欲望,非常能够安贫乐道,享受柴米油盐的生活。

于是,霍华德·金森在他的论文里写下了这样的结论:这个世界上有两类人可以获得幸福,一类是事业成功的杰出者,一类是内心宁静的平凡人。他也给出了他的建议:如果你是一个平凡人,那么你可以通过修炼内心,减少欲望,获得幸福;如果你是一个杰出者,那么你可以通过在事业上做出成绩,从而获得更高层次的幸福。就这样,霍华德·金森毕业了。

故事就这样结束了吗?当然没有。时间就这样过了20多年,霍华德·金森也从一个初出茅庐的小子成长为美国的终身教授,在他的授课生涯中,他也不断地在跟他的学生讲他的幸福理论。

时间来到了 2009 年。一天，霍华德·金森在办公室又看到了自己在博士时期写的这篇论文，他突然非常好奇，当年那些"非常幸福"的人现在过得怎么样了呢？他们是不是仍然认为自己非常幸福呢？为了得到答案，霍华德·金森花了 3 个月的时间将这些人找了出来，重新对他们进行了调查，调查的结果让霍华德·金森大吃一惊。

首先，121 个人中的那 71 个人找到了 69 个，有两个已经去世了。这 69 人中许多人的生活已经发生了翻天覆地的变化：有的一路努力，也成了这个城市的成功人士；有的仍然过着平凡的生活；有的因为疾病、灾难等原因，经济非常困难。可是，他们竟然无一例外地全都选择了"非常幸福"。然而，另外的 50 个人的选择就发生了很大变化。其中有 9 个人，他们的事业一直很顺利，所以他们的选择仍然是"非常幸福"；有 23 个人选择了"一般",并没有说明原因;有 16 个人选择了"痛苦",他们有的失业、有的被降职、有的破产;还有 2 个人选择了"非常痛苦"。

拿到这个结果,霍华德·金森陷入了深深的思考。要知道,他已经将其研究成果给学生讲了 20 多年了,而今发现是错的。两周后,他在《华盛顿邮报》上发表了一篇文章,文章的名字叫《幸福的密码》,在文章中,霍华德·金森写了这样一段话:"所有用物质支撑起来的幸福感都是不可持续的,它会随着物质的离开而离开。只有内心的淡定宁静,继而产生的身心愉悦,才是幸福的真正源泉。"

你知道吗?幸福后面还应当跟着一个字——感,幸福是一种感觉。幸福从来不是一种可用物质进行衡量和比较的东西,而是每个人内心的一种主观感受。你务实一些、欲望少一些,就幸福一些。就这么简单。

2. 乐观一点，生活没那么糟

请你想象一个场景：你走在回家的路上，突然天上下起了瓢泼大雨，没有车，你没有带雨伞，路边也没有可以躲雨的地方，怎么办？是着急赶路，嘴里骂骂咧咧"今天怎么这么倒霉！"？还是漫步雨中，把这当成是一次难得的淋雨的机会？

怎么选？答案是显而易见的。回家该走的路你总得走完，这一路上该淋的雨一滴也少不了，而你是不是乐观地去走这一段路，淋雨的这个体验，以及这个结果对你而言也许是截然不同的：着急赶路的你，内心烦躁，一不小心，脚下一滑，摔了一跤；漫步雨中的你，惬意自在，虽然淋了一身雨，却也得到了一次很好的放松。而这两种结果，就是"乐观"和"悲观"的两种结果。

在接下来的一个非常小的故事中，我们可以更加深刻地体会到乐观的重要性。

据说有一个秀才进京去赶考，而他已经是第三次去赶考了。在考试的前两天晚上睡觉的时候，秀才做了3个梦：第一个，梦见自己在墙上种白菜；第二个，梦见自己在下雨天戴着斗笠还撑着伞；第三个，梦见自己和心爱的人睡在一起，却是背对背的。早上起来以后，秀才觉得必有所指，于是去找了算命先生为他解梦。算命先生听完他的3个梦，对秀才说："今年不用考了，考也是考不上的。"秀才不解。算命先生继续说："你看，墙上种白菜说明什么？白费劲。下雨天戴着斗笠还撑着伞说明什么？多此一举。和心爱的人背对背睡在一起说明什么？没戏嘛！"秀才听完，非常失落地回客栈收拾东西，准备回家了。客栈的老板见秀才要走赶紧询问原因，于是秀才把解梦的事告知了客栈老板。客栈老板一听，笑着说："错了，错了，算命先生全都说错了。"秀才就更不解了。客栈老板解释道："第一个，墙上种白菜，说明什么？高中！第二个，下雨天戴着斗笠还撑伞，说明什么？有备无患！第三个，和心爱的人背对背睡在一起，说明什么？翻身的时候到了！"秀才一听大喜，第二天去考试，结果中了探花。

乐观有时候看起来好像就是一种心理安慰，然而这种安慰往往能创造奇迹。

在心理学上也有很多关于乐观的实验，比如说"安慰剂实验"。简单讲，实验是这样的：医生把患有相同病的患者随机分成两组，分别给予相同的维生素，除此以外，什么药都不给。其中一组被告知他们吃的是一种治疗该疾病的特效药。实验的结果是，那一组被告知吃了特效药的患者的病情明显好转，而另外一组则没有明显的变化。

其实，乐观是一种心理选择。

要想知道我们应该怎样选择乐观，就要先了解我们为什么会悲观。在我看来，悲观往往是这样出现的：第一步，在我们的生活中有一件负面的事情发生了，这件事情让我们很难受；第二步，我们从理智上认识到它是不可改变的；第三步，我们从情绪上不愿意接受这件已经发生的事情；第四步，我们做出情绪上的反抗。因此，悲观就是我们从情绪上对一件已经发生的事情做出的最后挣扎，而其根本在于情绪上的不接受。

你观察一个乐观的癌症患者，你会发现他往往已经放下了对癌症的抗拒，选择用理智的方法来解决问题，相信科学,相信医疗技术的进步,在情绪上,他不会怨天尤人或做出抗拒的表达。而一个悲观的癌症患者则相反,他不相信科学,不相信医疗技术的进步,并且往往会做出情绪化的抗拒的表达。所以,悲观其实就是你输给了自己的情绪。

在生活中,有很多人都会给自己找借口:"我不是一个那么乐观的人。"习惯于把自己的悲观归结于性格、先天性的原因,其实说到底也是不愿意面对自己的情绪的一种表现。那么从今天开始,希望你有一个正确的认识:不是悲观选择了你,而是你选择了悲观;不是乐观抛弃了你,而是你抛弃了乐观。

无论如何,希望你有个正确的选择。生活没那么糟。

3. 认真一点,下一秒就是希望

从出生的那一刻起,我们每个人的人生都是一张白纸,也就是从那一刻起,我们开始在这张白纸上作画,你能画出一幅什么样的图画，是不是你想要的一幅图画，取决于你是不是在认真地度过你的人生。

认真并不难，我相信所有人一定都曾认真地做过一些事情。可是，认真又很难，难就难在你发现那些不认真的人也过着跟你一样的人生。比如，高考。你可能很认真地学了，然后你考到了你现在的学校。可是，你身边有些同学学的一点也不认真，他还是来了这里。当你们坐在一起时，你的认真好像遭到了嘲笑，你要怎么办？你会不会继续认真下去？

认真不一定会成功，而不认真就一定不会成功。马云年轻的时候曾去肯德基应聘，结果被拒绝了。他去跟大佬们讲什么是电子商务，最后大佬们得出一个结论："这个人是个骗子！"可是他没有放弃，他仍然继续认真地生活。他创办了阿里巴巴，有了淘宝。淘宝一开始也很艰难，网上购物仍然是一个非常新颖的概念，对网络的不信任，也就导致了对淘宝的不信任。但是，不管如何艰难，马云都在认真地经营着，这才有了今天的电子商务巨头。

崔永元第一次坐在摄像机前面主持的时候，突然从背后传来一个声音："这孙子是谁?"节目垮掉了，可是他没垮，他继续认真地做着主持，成了全中国最优秀也是最幽默的主持人之一。就在他事业巅峰的时候，他患上了抑郁症。疾病并没有击垮他，抑郁症治好以后，他拍了一部关于转基因的纪录片，用自己的力量警示老百姓。目前，崔永元在明星纳税问题等方方面面贡献着自己的力量，因为他在认真地过着他的人生。

这样的人比比皆是，他们认真地实践着自己，影响着世界，对自己负责，也对世界负责。我希望，你也能这样认真地度过你的一生。

(三) 活出你自己

其实说到底,什么是人生观?我认为人生观就是一个"我是谁"的问题,这也是人生的终极问题。

1. 你是谁?

你是不是真的知道"你是谁"?

古语有云:"宝剑锋从磨砺出,梅花香自苦寒来",意思是:想要有所成就,你就必须经过磨砺。这句话非常有道理。于是,出现了很多"准宝剑",他们意志坚定、奋发图强，力争要把自己变成一把锋利的宝剑。这都没错。

然而，有多少人想过，你为什么想要成为一把宝剑？有人说，是为了击败敌人。如果是为了这个目的，你是不是一定要成为一把宝剑呢？那么，你想要成为宝剑，到底是你真的想要成为宝剑，还是因为别人告诉你成为一把宝剑是最好的？

我们时常感叹：为什么自己这么努力，生活却和自己想的不一样？试问，如果你的生活一直都是被安排的，你怎么要求它和你想的一样？你活出的样子到底是你，还是别人眼中的你？你知不知道你是谁？

2. 这是不是你要的成功？

曾看过一个故事。

英国某小镇有一个青年，整日以沿街为小镇的人说唱为生；有一个华人妇女，远离家人，在这儿打工。他们总是在同一个小餐馆用餐，屡屡相遇。时间长了，彼此已十分熟悉。

有一天，华人妇女关切地对那个小伙子说："不要沿街卖唱了，去做一个正当的职业吧。我介绍你到中国教书，在那儿，你完全可以拿到比你现在高得多的薪水。"小伙子听后，先是一愣，然后反问道："难道我现在从事的不是正当的职业吗？我喜欢这个职业，它给我，也给其他人带来欢乐。有什么不好？我何必要远渡重洋，抛弃亲人，抛弃家园，去做我并不喜欢的工作？"

我们的观点竟然如此不同。

我们从小孩子的理想上也能看出极大的不同。如果你问中国小孩的理想是什么，他们会告诉你以下答案：科学家、董事长、经理、明星……而如果你问日本小孩的理想，他们会告诉你以下答案：我想做一个蛋糕店的店员；我想做一个花店的店员；我想做一个司机……而这些在我们眼中几乎是不值一提的职业。

作为一个中国大学生，我们通常是怎么定义成功的？几乎都和升官发财、有车有房有些关系。可是，当这一切变成现实的时候，你是否真的会认为自己是成功的呢？

成功是什么？成功是我感到幸福，我感到我生而有意义，我感到我没有那么多的挫败，我感到我这个人不错。成功是成为"我是谁"中的"我"。

3. 在减法中找到"我"

我到底是谁？

不管你想多少遍，其实我们都无法直接给出肯定的答案，我们仿佛被困在了这个最初的问题上。如果是这样，你不妨放弃那个最初的问题，从另一个角度看看自己。当你无法回答"我是谁"时，那你就试着回答一下"我不是谁"。

我不喜欢复杂的工作环境；

我不是挣越多钱就越快乐；

我不会甘于平淡；

我不……

你就好比是一棵被过度装潢的圣诞树，因为彩灯太过于绚丽，反而隐去了本真。可是，只要你不再眷恋这些装饰品，脱掉绚丽的外衣，做做减法，你的样子就会逐渐变得清晰……

然后，活出你自己。

参 考 文 献

[1] 龙应台. 目送 [M]. 上海：生活·读书·新知三联书店，2009.

[2] 契克森米哈赖. 心流 [M]. 张定绮，译. 北京：中信出版集团，2017.

[3] 李笑来. 把时间当作朋友 [M]. 3版. 北京：电子工业出版社，2009.